JN410461

저물지 않는 탑

이성의 시집

문학의전당 시인선
219

저물지 않는 탑

이성의 시집

문학의전당

시인의 말

긴 여름이 가고
오늘은 거룩한 밤
망설이고 섰던 별들을
하늘 높이 던져 올린다

그래,
쉬지 않고 가는 거야
조금도 흐트러짐 없이
높이높이 솟는 거야

극적인 순간들이 나를 뚫고 지나갔다
한바탕 뒹굴다 온 놀이판 위의 시원함이
바로 이런 것이 아닐까
생각해본다
끝없이 나를 키워준
주변의 모든 인연들께
깊은 감사를 드린다

2015년 11월
이성의

차례

제2부

제3부

제4부

제1부

연서

길이 모서리에서 울고 있다
수많은 모서리를 지내왔지만 그땐
울지 않았다
시나브로 꽃들이 피어나고 있었고
아침에 일어나면
건강한 새들이 곧잘 굴러다녔다
시간이 하중을 더해 갈수록
더 단단해질 수도 있었건만
단단해진다는 건
한 번의 힘으로도 잘게 부서질 수 있다는 것
쉽게 멍이 들어 주저앉을 수도 있다는 것이다

어느 날은 호접몽을 꿈꾸다가
어느 날은 모서리에 서서 울고 있다

빈 가지 사이로 출렁이는 겨울
그 따뜻한 아랫목에서
생의 연서를 읽는다

원형을 꿈꾸다

손끝에서 바람 냄새가 난다
토도독 두드리던 그녀의 가을 냄새가 아니다
어딘지 알 수 없는 뿌리

원점을 찾아 나섰던 것이다
모양도 냄새도,
산새도 날아가 버린 골짜기
적막이 나팔을 부는
어느 언덕 위의 소소한 하루였는지 모른다
여름 깊숙이 드나들던 샐비어,
샐비어의 뜨거운 눈빛이었는지도 모른다
한 번도 물러선 적이 없는 외로움이
긴 방울 소리 울리며 달려가던 곳

오늘은 이쪽
내일은 저쪽
물안개 속으로 걸어온 강이 하류로 흘러간다
원점, 흩어진 듯 다시 모여드는 원점이다

언제 너로 하여금 뒤돌아보게 할 수 있을까
고생대로부터 걸어 나온 길을 따라 다시 걷는다
비우고 또 비우며 덩그러니 솟는 저녁
아무도 모르는 정령들의 뒤척임 속에
세상이 눈부신 유희를 하고 있다

걸레질

길 건너 큰 방이 훤히 내다보이는
순대국밥 집에는
아침마다 몸을 활처럼 구부린 피부 고운 여인이
걸레질을 한다
눈덩이만 한 걸레를 밀었다 당겼다
부지런히 영토를 넓혀가는 담쟁이의 손놀림처럼
하루를 펴 올린다
하얀 풀잎 같은 걸레질을 한다

찌든 마음을 털어내듯
반가운 손님을 맞이하듯
머리 납작 엎드리고 허리 굽혀 공손히 절을 한다

저 깊숙이 솟아오르는
용암수의 비밀

하루 이틀을 지나
헤아릴 수 없는 골목과

골목의 아래 위쪽을 지나

나도 모르게 젖어버린 타성의 옷들
그 생존의 구약을 애써 읽으며
날마다 발목까지 채이는 어지럼증을 벗어나곤 했다
생존이 번창할 수 있었던 것이다

봄의 립스틱

봄꽃들이 피기 시작했어요
빨간 배낭을 메고 빨간 립스틱을 칠한 등산객들의
환호 소리 다발다발 풀려나고 있어요
굴참나무 배롱나무 오리목 향나무 벚나무 산수유까지
동행이 되자고 서로 동행이 되자고
울울창창 도락을 이루는 서로 도반이 되자고
외롭게 홀로 가는 건 사람의 길이 아니라고

흐트러지지 않은 몸의 교신들이 깃발처럼 흔들리고 있어요
이쯤이면 풀어줘도 돼
조금씩 조금씩 바람을 불러 모아도 돼
꽃잎들이 거리에까지 내려와
국민은행 창구에까지 구멍을 뚫고 내려와
바람의 전설들이 울타리를 치기 시작했어요

알몸으로 있기엔 너무 맹숭맹숭한 세월이라서
두꺼운 옷 얇은 옷은 너무 구김살 많이 가는 일이라서
빨간 립스틱 가슴까지 처발라 본다구요

한 번씩 빨간 립스틱을 칠하고 언덕 위까지
기어올라 본다구요

목소리

맑은 유리잔에
설록차를 우려낸다
먼 산맥에서 불어오는 연록의 바람소리
고담봉에서 들려오는
우직한 말씀을 듣는다

골짜기를 지나
시냇물을 지나
넓은 들길에서 만났던
그때 그 목소리

지난해 피던 여름 꽃이 저러했었지

하얀 무명옷을 입은 여인들이
한사코
날 불러세운다

허방을 건너다

슈퍼 가는 길에 허방을 딛고 말았다
아차, 정신을 잃었구나
둥근 통 화분에 몸을 풀고 있는 저 황홀한 꽃들에게
나를 잃어버리고 말았구나
나도 저리 황홀해지고 싶은 때가 있었지
말없이 지나가는 사람들을 킬킬거리며
빨갛게 유혹하고 싶은 때가 있었지
여리디연한 웃음을 풀어놓고
숲의 푸른 냄새들을 줄기줄기 쏟아놓고
하늘을 향해 맘껏 울고 싶은 때가 있었지

그곳은 언제나 하늘빛들이 보들보들 피고
낮은 도락이 물비늘처럼 일어나고
아하, 넘어지고 나서야 다시 한 번 일으켜 세우는구나
엊저녁부터 휘몰아치던 바람의 이유를
엊그제부터 욱신거리던 아픔의 한 소절을
이제 건너가고 있구나
봄이 완연히 피고 또 지는구나

그대의 숲

때로는 숲이 깊어
숲 깊숙이 자라나는
나무의 하얀 뿌리를 들여다볼 순 없어도

언젠가는 길을 걸어
빽빽이 모여 사는 그대의 숲을 걸어
그대 집 앞에 다다른다

숲 중심부를 지나 환히 걸어 나오는 집
정오쯤에 원추리 꽃들이 흘러내리고
길 언저리 돋아나는 햇살
작은 멧새들이 적막을 날아오른다

누군가 밟고 내려간 흔적
희미한 길을 따라 걸으면
모호한 향기
내가 찾고 있던 산비둘기가 수런거리네

여기서는 세속이라는
퀴퀴한 냄새를 맡지 않아도 좋으리
그러나 끝없이
숲의 저쪽으로부터 흘러드는 가느다란 불빛
어둡지 않고서야 어찌
저 아랫마을에 도착할 수 있으리

하루의 절반

사람들은 저녁 여섯 시만 되면
바쁘게 길을 옮긴다네
치렁치렁 내다걸었던 하루해를
말없이 내려놓는다네
오며가며 부딪히던 사람들을 떼어놓고
부지런히 밀어 올리던 네모 창을 반쯤씩 내려놓고

가던 길 돌아선다네
내 사유의 절반 속
저녁 별들을 따라 흐른다네
욕망이라는 낡은 새, 저 숲 어딘가로 날아서 가고

그대,
한시라도 망설여본 적 있는가
두 귀 나풀거리며 걸어가는
인생이라는 저 아득한 물길 속을
아직도 작고 탱탱한 것들이 보석 알처럼 굴러다니는
내 하루의 절반쯤을

언어, 그 축복의 바다

이렇게 꽃들이 울창할 줄 몰랐다
가지마다 새들이 대롱거리고
거리에는 자갈 깔리는 소리
수십 채의 집들이 완결된 문장으로 솟아오르고 있었다
꿈에서조차 본 적 없는 키가 큰 억새꽃
바라볼수록 가슴이 먹먹해지는 그 꽃에서는
알 수 없는 향기가 났다
흐느적흐느적 바람이 앉았던 자리마다
꽃의 환상들이 쏟아지고 있었다
먼 기다림처럼 부풀어 올라
그 꽃의 주술을 피워 물고 나면
나도 모르게 새가 되었다
사각사각 길을 찾으며 새가 되는 나무
수백 마리의 새들이 떼를 지어 나를 즈음이면
숨었던 나의 언어들도 점차
얇은 옷으로 갈아입을 것이다
소렌토, 그 아름다운 명화 속
항해는 계속 이어질 것이다

포인세티아

겨울 강가에 가지런히 줄지어 서 있는
나목들을 바라보면
그녀가 얼마나 착한 사람인지
그녀가 얼마나 마음이 여리고 맑은 수면 같은
사람인지 알 것 같다
언제나 제 몸을 반사경으로 비추며
곧게 뻗는 나무
짓궂은 진눈깨비와 짙은 안개비 속에서도
봄은 알프스를 지나
산 아래를
가득 채우곤 했다

생의 절반을 꽃으로 피어
언제나 빨갛게 물드는 속성
바람이 언덕배기를 지나 산중턱을 넘어서고 있다
필경, 바람의 준령을 훌쩍 넘고 나면
갠지스 강의 범람,
범람의 고갯길을 알 수 있을 것이다

수십 그루 나무의 흔적, 그 허망하고도 쓸쓸한
생의 나이테를 알아차릴 것이다
오늘도 묵묵히 바람 앞에 서 있는 그녀
눈빛으로 햇살 한 움큼을 긁어
헌 지붕 위로 올린다

C에게

오늘은 왈칵 눈물이 쏟아지고 있네
참았던 빗방울들이 밤새 길을 찾고 있었던 모양이야
세모인지 네모인지
별반 다를 게 없는 우리네 살아가는 얘기들이
왁자지껄 한바탕 비를 쏟고 있네
나도 별 도리 없이 걸쳐야 하는 그 옷 하나를
언젠가는 걸칠 수밖에 없는 그 옷 하나를
바라보는 내 마음도 쓸쓸하긴 매한가지야
하지만 어떤 해법으로도 놓여날 수 없는
그 아름다운 선택 하나를
만지작거리며 통감해가는 것
내 내밀한 가슴으로 잘 으깨고 빚어
바삭바삭 구워내는 통밀 빵처럼
흥건히 나를 적셔내는 것
먼 훗날
웃음 한 자락에 씁쓰름하게 담아낼
삭은 장아찌 같은
번뇌 한 톨

커튼을 달며

나는 수국같이 해맑은 물방울무늬
살구빛 커튼을 좋아한다
소리도 알맞게
빛깔도 알맞게
언제나 알맞은 조도로 하루를 조율하는
저 가냘픈 몸매
어쩌다 내가 야광을 입고 번쩍거릴 때에도
턱없이 모자라는 걸음걸이로 이곳저곳 뒤뚱거릴 때에도
살며시 미풍처럼 날아와 끈을 당겨주는 그대
하루를 모나지 않도록
하루를 발가벗지 않도록
모른 척 우듬지 사이를 넘나드는 유월의 하늬바람처럼
포옥 안겨들어도 좋을
언제나 살구빛 미소를 갖고 있는 그대
오늘은 그대에게
커튼 속 수국 한 다발을 올립니다
넓이도 알맞게
깊이도 알맞게

만선

오직 한쪽 벽만을 바라보다
또 다른 벽면이 있다는 사실을 깨닫기도 전에
세월은 희끗희끗 반백의 물감을 풀어내며
저녁노을을 짓고 있네

모나지도 않게
부족하지도 않게
언제나 집으로 돌아가는 사람들처럼
평온을 꿈꾸었다네

그것이 만선이 될지는 아무도 모르는 일
그러나 아랑곳없이
다음이라는 골목 앞에서 서성이네
아침의 자명종처럼 나를 불러 일으키네

또 다른 우주를 가슴에 품는다는 것은
심연 깊숙이 파도 한 자락 출렁거려보는 일
그 파도에 패여 내가 사라진다 해도

비록 그것으로 인해 길을 잃어버린다 해도
그러나 그것이 만선이 될지는
내가 만선의 깃발이 되어 달려올지는
아무도 모르는 일

눈물

꽃잎이 떨어진다
아직도 헹구어내지 못한 서사
벗고 나면 오직 허공뿐인
빈집 같은 시간들이
등을 구부리고 걸어가고 있다

시간의 골짜기에는 벌써 밤이 다가섰는데
아직도 마지막 헹굼질은 채 완성되지도 않았는데

모로 누워 하염없이 흘러가는 허기
바람소리 깊어가는 통로 위에서
먼 길 바라다본다
오롯이 피었다 지는 작은 나그네
나비 한 마리 훨훨 날아가고 있다
모시나비 같은 길들이 흩어지고 있다

멀리서 찾아오신 손님이시여
이 밤이 가고나면

나뭇가지 사이로 청초로운 꽃잎 하나
반짝일 것입니다
그대에게 조금 더 가까이
다가설 것입니다

낌새

진눈개비가 내린다
주식이 이유 없이 폭락했다
102동 앞에 멈춰서는 앰블런스
119 대원이 들것을 들고 달려간다
혹시,
저
집에서도……?

제2부

현미경으로 보지 마오

너무 날 면밀히 들여다보지 마오
너무 날 깊숙이 비추어
저녁 햇살에 줄지어 일어서는 너울파도
그 눈부신 너울파도의 울렁거림을
더 이상 눈여겨보지 마오
둥글 때는 둥글고
건너갈 때는 건너가는 사람
함부로 불러 세우고 아무렇게나 낙서하지 마오
그러지 않아도 밤은 오고
홀로 외로이 흘러가는 강물인데
한 송이 풀꽃 속에서도
둥지를 일컫는 사람인데
너무 가까이 들추어
속내마저 건너려 하지 마오
디지털 속에서도 아날로그를
아날로그 속에서도 천천히
길을 낮추는 사람인데

아나카프리*

꿈에 그리던 나폴리
노랫말에도 나오는 소렌토 마을에서
여객선으로 한 시간
에메랄드빛이 화사하게 눈빛을 굴리는
작은 포구에 닿는다
하얀 피부를 가진 사람들이
수행자처럼 살아가는 작은 섬 아나카프리
꼬불꼬불 빨간 버스를 타고
절벽을 오른다
다발다발 풀려나오는 환호성
사람들이 벌써 여행의 꽃을 꺾고 있다
천혜의 절경이 레몬나무를 사이에 끼고
유리알처럼 반짝거린다
푸른 이끼, 작은 풀, 온갖 야생화들이
자연이라는 큰 화폭 속에서
끝없는 포말을 이룬다
끝에서 또 끝
지중해의 환상을 잡고 오른다

조각 같은 하얀 마을이 꼬리에 꼬리를 물고
운무 속에 떠 있다
신이 지상 위에 올린 제일 마지막 걸작
꿈의 유토피아가 수채화처럼 유유하다
저 작은 나무를 벗어나면
또다시 흐르는 아침 안개
캐논의 푸른 햇살이 지금 어딘가로
날아오르고 있다

---

* 이탈리아 카프리섬, 해발 150m 지점에 위치한 아름답고 환상적인 작은 마을.

사월

큰 꽃송이가 앞뒤 홍등처럼 내걸리고
사람들이 숭숭 팝콘처럼 터져 흐르는 밤

나는 빈 벤치 위로 몸을 뉘고 샤콘느*,
샤콘느가 건너가는 푸른 별
물소리 잔잔한 어느 호숫가에 가닿는다

물푸레나무와 늙은 플라타너스와
하얀 봄꽃들이 줄지어 그림자를 품는 곳

나는 누군가가 만들어준 얇은 지느러미를 흔들며
달이 새긴 자국
새끼 오리가 연신 날개를 펼치는 수면 속
작은 요정들과 조우한다
넓은 물이랑을 이루며 돋아나는 바람
사념의 씨앗들이 수초 사이에서 맴돈다
그들은 밤 내
반야의 별을 어루만지며

수천 수백의 꽃들을 피워 올리리라

비로소 나는 굽었던 등을 펴고
일상이라는
샤갈 빛보다 고운 바다
무반주 하루를 검색해낸다

---

*프랑스와 스페인의 춤곡에서 비롯된 바로크 시대의 기악 변주곡이다. 3박자의 장중한 리듬이 특징. 바흐와 비탈리의 샤콘느가 유명하다.

과녁

가끔씩 내가 가야 하는 방향에
화살을 놓지 못하고
가야 하리라는 정반대의 길에다
시위를 당긴다

얼마를 흘러야 저 깊은 강을
미동도 없이 흘러가는 저 깊은 강물을
평소 잘 다듬어 익힌 나의 길처럼
초연하게 흘러갈 수가 있을까

누구나 시작이 반이라고들 하지만
꿈 너머로 멀리 바라다 보이는 산
그 짙고도 캄캄한 벽을
어찌할 수가 없어

그래도 숙연히
어딘가로 날아서 날아올라서
스스로 과녁을 향해 좇아가는 화살이 되어야 함을

아득하고도 수밀한 덤불 속
외로움의 줄기
어느 것 하나 손에 잡을 것 없이
홀로 깊어져 가야 하는 것을

사랑의 법칙

아래윗니가 맞지 않을 때처럼
인연도 맞지 않을 때가 있다
서로 등을 맞대며 흘러가는 시냇물처럼
아무런 지푸라기 하나 없이 떠내려가다가도
불현듯 멈춰서는 발길
카오스의 모래언덕을 만나곤 한다

그저 순조로워지기 위하여
절뚝거리는 웃음
뿌리도 없이 흔들리는
무수한 별들을 좇아 다닌다

이렇게 무거운 추락을 해서라도
내가 꿈꾸는 별을 닮아가는 것이라면
언제나 나의 우물 곁에 서서
목마른 변화를 퍼 담으리

슬몃슬몃 눈을 감는 파도

다시 일어서는 꽃잎들
나는 돌아온 나의 온기를 부여잡고
큰 바다의 고래 떼처럼 출렁인다
그래 사랑은
공동작업실이야
서로 밀치다 만 장난감이야

부활

봄이 오면 꽃이 피고
아득히 꽃은 또 피고
하릴없는 가슴에도 꽃은 또 피고 지는데
하르르 봄빛 오기도 전에
떠나버린 사람아

저 멀리 숲에서 우는
소쩍새 한 마리
어디서 날아와 적막 위에 앉았는가
작은 마을에서는
아직도 그댈 향한 기도가 한창인데

남은 자들이 궁핍 하나씩을 헐어
거리로, 현실로
못다 핀 화원에다 다시 삽질을 한다

꽃은 다시 피어나야 한다고
거리마다 불빛들이 가득하다

꽃잎에 대한 명상

지나고 보니
꽃잎이었네

나도 모르게
사랑이었네

떨리듯 피어나는
수선화

낡은 새 한 마리 허공을
휘저어 오르네

하얀 날개를 단 바로크 음악이
길을 건너가고 있네

가끔씩
눈발이라도
같이 내렸으면 좋겠네

오월의 왈츠

케이블카를 타고 얼음골을 오른다
티 없이 떠다니는 바람
소리 없이 부풀다 가는 햇살
오월의 이음새들이
평원을 이루며 반짝거린다
나는 신갈나무 숲에서 치렁치렁
연두 옷을 갈아입고
엷은 아리아의 향기,
은유의 씨앗들이 부지런히 흘러넘치는
하늘정원을 오른다
꼬불꼬불한 길들이
도락의 원점을 향해 기어오르고 있다
하늘과 구름과 천지가 머리에 꽃을 꽂고
부드러운 춤을 춘다
나도 누군가와 왈츠, 오손도손 부드러운 춤을 춘다
저 편편한 평온 속으로 날아가도 좋으리
어딘지 날아서 사뿐히 가라앉아도 좋으리
오늘이 기울고 나면 또다시 솟아오르는 풀잎

그 풀잎의 의미를 나는 알겠네
천천히 깊어져가는 그대
사랑이라는
또 하나의 넓이를

강물소리

이른 새벽부터
벽을 타고 건너오는 정담은
마당 깊숙이 말랑말랑한 해가 뜨고
높이 팔을 벌리는 나무들

그것이 삶의 강물이라는 걸
아이 셋 낳아 기르고도
한참 뒤에야 알았습니다

한 둥지에서
같은 문을 여닫으며
내가 바람이었다는 것을
그가 빗물이었다는 것을

다 자란 아이들이 가끔씩
내 둥지를 한 사나흘씩 부지런히
오르내리고 나서야
그것이

삶의 강물소리였다는 것을
알 수 있었습니다

그것이야말로
번지르르 내 가슴을 지탱해주는
친구
그 알싸한 삶의 관문을 통과하는
진정한 밀물이었음을

쓰나미

이상한 날들이 지나가고 있었어
한 번도 다가서 본 적 없는 거리
이유 없이 말들이 나뒹굴고 있었어
메워져가던 간격들이 하나 둘 망가져버린 거야

마음의 수문을 열어 씻어내고 또 씻어내고
밀어낼수록 더 세차게 몸을 일으키는
기억들,
애써 보듬어도 보았어
패여져 가는 상처들을 꿰매고 또 꿰매고
가던 길 천천히 내려다보고 있었어
세포 깊숙이 파고드는 시벨리우스의 교향곡

부질없이 밀려다니는 것은 곧 잊어버려야 했어
분화되어가던 아침의 꽃들이 다시 집을 짓기 시작했어
잉태되었다 소멸하는 것들은
한여름을 풍미하던 매미 떼의 울음 소리였어

모든 것들은 허망이라는 이불을 쓰고
가까이 멀리 다가서다 사라져갔어
시월은 그렇게 물들다 스러졌어
푸른 골목에는 풀꽃 향기 울창했어

회색도시

분향실이 훤히 내려다보이는 병원 가까이에서
지금 육개장을 먹고 있어요
검은 상복을 입고 들락거리는 사람들이
남의 일인 양
먼 외계를 떠돌다 온 바람인 양
김치는 김치대로, 샐러드는 샐러드,
네모나게 잘 썬 사과들을 잘도 집어가고 있어요

아버지, 당신의 수치가 너무 높았던 까닭일까요
나이
염증 수치
혈압
콜레스테롤까지
이해할수록 너무 높은 수치여서
머리로 계산하기엔 너무 아픈 수치여서
이별의 테두리에 가두기엔 너무 어려운 수치여서

그건 차라리 아름다운 질서라고

자연이 준 가장 온당한 순리라고
이 디지털 시대에
저 회색도시의 별빛에 닿기 위해서는
저 회색도시의 별빛에 더욱 맛있게 치달아 오르기 위해서는

내일이면 안 돼
늦어져서는 더욱 안 돼
서로 약속이라도 한 듯 고개 끄덕이면서

이미 돌아가고 있음을

가끔은 출렁이고 싶어서
가끔은 만져보고도 싶어서
속절없이 부풀다 가는 숲속의 바람처럼

그곳은 언제나
때 묻지 않은 꽃들이 핀다기에
그곳은 언제나
해맑고 빛이 고운 무지개가 뜬다기에
하현달 입술에 물고 종일토록
꽃구경하다 일어서는 바람
그 가늘디가는 달빛 사이로 나는 덩실덩실 춤을 추고

언젠가는
자라고 자라서
온몸엔 푸름푸름 물이 들고
숲에서는 온통 향기가 돋겠네
달빛보다 더 짙은 향기
대지 위로 내가 물들어 갈 때 그땐

이미 돌아가고 있음을
흔적 없이
바람의 신발을 신고
이미 내가
돌아가고 있음을

산다는 것은

비 온 후
싱그런 바람이 불고 있다
암초 하나 없는 날들이 왠지
찬거리 없이 차린 밥상 같아서
뭔가를 두리번거리다가
이곳저곳 실어다 나르는 안부
벼랑 끝에 서 있다거나
그랜드캐니언과 할리우드
로마의 휴일이 빗소리에 엉키다 사라진다

사막을 풀무질하는 하얀 풍차의
끝없는 손놀림처럼
산다는 것은 집과 집 사이
그 빼곡한 바람 사이로 피다 지는 꽃
어제는 넝쿨지며 오르다가
오늘은 하염없이 흘러내리는 낙엽이 된다
작은 연못 속에
깨알 같은 숫자들이 쏟아진다

거울

빗자루를 들고 마당을 쓸어낸다
문지를수록 쏟아지는 바람의 냄새
언제쯤 뿌려둔 씨앗의 냄새들이 코를 찌른다

부모님 우리 오남매 낳아 기르실 때
늘 물을 주고
거름을 주고
잠시도 놓지 못한 생의 이음새
추위와 더위 번갈아 입으셨네
세상 멀미 대신 하셨네
어느새 어두워만 가는 당신의 사랑

땅끝 어디에선가
물씬 건너오는 시원(始原)의 향기가
문지를수록 아파만 오네

자라나는 나무들

하루 종일 놀이터에서
해를 만지던 아이
어디론가 그림자를 지고 달려간다

막 해를 넘기고 퇴근을 하던
젊은 엄마
품속 깊이 아이를 넣는다

크고 작은 품속에
새파란 그늘이 쏟아진다

부모와 자식이라는 그늘을 먹고
물컹 자라나는 나무들

제3부

풍경

새들이 높이 운다
맑은 소년들이 자전거를 굴린다
비스듬히 누운 잔디 위로 봄과 가을 겨울
사람들이 여유라는 긴 끈을
만지작거리며 섰다
인적을 따라 높이 원을 그리는 비둘기
채송화 꽃들이 잡초 속에 무성하다
밤이 늦도록 건조하게
땅을 밟고 다니던 사람들
초로의 숲이 되어 긴 의자 위로
후박나무 그늘 아래로
가로 세로 집을 짓는다
젊은 유모차와 섬처럼 등이 굽은 노인들
서로 숲이 되어 걸어가고 있다
쉽사리 오지 않던 평온한 저녁이
도시의 그늘 사이로 쌓여간다

풍선

마른 나뭇가지 위에 바람이 붑니다

바람의 크기는 얼마 되지 않은데
바람소리가 저토록 세차게 불다 가는 것은
아직도 떠나보내지 못한 마음속 풍선
그리움 한 자락 유리알처럼 박혀 있기 때문입니다

산다는 건 그렇고 그런 것이어서
그리움 한 덩이 늘 가슴에 찔러 넣고 사는 일이어서
몇 해째 길을 덮는 들 찔레며
씨앗나무 여럿 서로 엉키다 가는 그런 일이어서
지상에 피어나는 그리움 한두 송이쯤이야
하면서도

겨울 우듬지 사이로 바람소리
물감처럼 번져가는 날이면
사월의 목련화처럼 쓸쓸함도 무성해져
내 마음의 바람소리도 이유 없이 무성해져

물안개 꽃

어느덧 찬바람이 불고
오늘은 눈이 내리네

눈에 익은 바로크 음악이
길 위에 질퍽거리네

나는 이런 날 물안개 꽃
당신의 화병에 아득히 고인
물안개 꽃

꽃이 되고 싶네

가을날의 초상

억새 향 조랑조랑 익어가는 시월엔
우리 오래 멈춰 서서 젊은 날을 이야기하자

그곳은 사스래 나무가 종일 숲을 흔드는
샹그릴라*의 마을
누가 부르지 않아도 가을 산엔 벌써 물이 들었네
폭풍이 휩쓸고 간 지난여름이 아니라도
꽃샘바람이 한창 수를 놓았던 지난 삼월, 그 아름다운
허(虛)의 절벽이 아니라도
화알짝 분수처럼 흘러내리는 삶의 꽃송이

열매들이 익어가고 있지
그들이 만들어놓은 그늘 자국들이 천천히 저물어가고 있지
아직은 젊었음으로
쉬지 않고 흐르는 별
초원 높이 사다리를 올린다
마당 깊숙이 바람의 뿌리를 심는다

그들이 만났다 헤어지는 저녁
안단테 칸타빌레
가을이 쏟아진다

---

* 히말라야 산맥 어딘가에 깊숙이 자리하고 있다는 제임스 힐튼의 소설 『잃어버린 지평선』에 나오는 가상 도시로 인류의 이상향을 가리키고 있다.

따라 걷는 길

길을 따라
걸었네

산새들이 재재거리고
벚나무 잎들이
길을 따라 자욱이 팔랑거리고
숲을 걸어 나오는
애절한 사랑 이야기

혼자가 아니었네
그들의 이야기가 아니었네
노자나 장자가 되기 전에도
길은 길대로
나무는 나무대로

이미 충만하였네
비로소 나는
언덕을 내려올 수 있었네

낙엽 지는 소리

길 위에서 길을 찾는다

문장들이 크게 울기 시작했고
사람들이 종일 따라 다녔다
숱한 이야기들이 꽃을 피웠고
빗방울 하나 둘
빗금을 그리며
희미해져 가고 있었다

다시는 오지 않는다
다시는 피어나지 않는다

몇날 며칠을 웅성거리다 찬연히 지는 꽃잎

이별을 고하는 사람들의 눈빛에서는
하염없는 생의 빗방울이
쏟아져 내리고 있었다

찻잔 속의 해일

하루해가 저물기도 전에
아닌데 아닌데
이건 아닌데

늘상 일어서는 마음속의 해일
잠재우지도 쫓아내지도

엉거주춤 망설임 속에
달이 기운다
새해가 돋는다

늘 새롭게 바라보는 내일
연일 아니라고 아니라고 고개 저으며
수없이 번갈아 입었던 내일

그 구성진 빗방울 속에서
나뭇잎은 자란다

내 온실의 화초와 함께 익숙해진 지 오래
삼십사 년 하고도
두 달이
발아래 자욱하다

경칩 일기

겨울 강이 풀린다

새벽을 지나
그대 창문을 노크하는
아침 햇살처럼

멀리 자동차 헤드라이트 불빛
아침 산책에 발 담그고 나면
쩌엉
얼었던 강이 터진다
가슴까지 밀려오는 한기

라임나무 숲에서
새가 향기에 젖어 있다

해빙의 계절

하루의 빗금 사이로
저녁노을이 진다
올록볼록 꿈을 꾸던 오후의 시계추들이
고속도로를 지나
샛강을 지나
원시의 저녁 속으로
흘러들고 있다

춘삼월 지나 겨울 강은
천천히 풀릴 것이다

작고 노란 것들이
낮아지고 낮아져서
존재의 수풀 속으로 조금씩
두 발을
들여다 놓을 것이다

잡초

아무도 힘주어 부르지 않았다
아무도 눈여겨 바라보지도 않았다
바람과 바람 사이
갈대처럼 서걱거리며
쉴 새 없이 솟아올랐던 하늘

어디쯤 가서 멈춰 서는지
어디쯤 서서 기다리는지
바람의 손을 잡고 허수아비처럼 흔들린다

계절이 돌아올 때마다
언제나 높이 뜨는 달무리
봄은 늘 번창하기만 하였다
봄만 되면 이상스레 손님이 들끓었다

다 바람인 게야
뿌리고 다닌 씨앗 때문인 게야
봄이 지나갈 때까지

바람은 쉬지 않았다

약속

아버지

세상은 아직 그대로예요
그 시간이면 틀림없이 달려가는 기차
저녁이면 쓸쓸히 지고 마는 꽃잎
마트엔 어제의 사람들이 종일토록 바스락거리고 있어요

떠내려가는 세월의 잎새는
뿌리를 내릴 수가 없어
돌부리에 잠시 머뭇거릴 수도 없어
한세상 저물어 갈 때쯤이면
맑은 꽃들이 핀다지요

산 너머 강물 소리를 더듬어
내 여린 두 귀를 씻고
초롱초롱한 봄의 눈빛에다
내 두 눈을 묻어볼게요

보고픈
아버지

이치

저기
저 다리 위를
걸어가는 키 작은 사람아

어디서
한번 보긴 하였는데
통 생각이 나질 않네

이곳저곳
매달고 다닌
내 과거의 일들도
이와 같아서

동행

해 저물어 어둑어둑 밤이 내리면
흐물흐물 내 마음마저 빛을 덮는 밤이 오면
산허리 허리마다 쏟아지는
오렌지 같은 불빛들
저 많은 불빛들이 혼신을 다해 밤 안으로
스며들 때까지
우리는 두 눈을 감고
행복한 잠을 이루리라

이처럼 보이지 않는
우리의 삶 속에는
내가 전혀 알지 못한 채 건너가는
행복의 건널목들이
수없이 왔다가
수없이 밀려왔다가는 가고

함성

날마다 바다에 닿는 꿈을 꾸었네
바다로 가는 동안
크게 울려오는 소리 들었네

아직도 지상에는
별보다 아름다운 사람들이
길 마디마디 꽃을 심고
그 꽃들이 활짝 피어나기까지
수십 번도 더 일어서는 해와 달
수만 개의 꽃들이 일제히 풀잎 속에서 반짝거렸네

그 반짝임에 앞서
떠밀려 다니는 소문들
수많은 어린 사연들이 초록 한 권을 딛고
돌아 나설 때까지
오직 한 방향으로 흘러가는 사랑
지상을 걸어 다니는 수만 그루의 나무들이 있었으니
의로운 사람들이 걸어간 땅, 그곳은

언제나 반짝이는

그들의 하루였다는 것을

생각

내가 잠시
마음을 놓고 있는 사이
마주 앉았던 자리에서도 스멀스멀 냄새가 났다

내 마음 이곳저곳에
잡목이 우거지는 동안
늙수레 익어가던 당신의 새소리마저 조금씩 잦아들었다

나무가
방향을 바꾸는 동안
나무의 그늘도
그렇게 방향을 바꾸며 시들어갔을 것이다

제4부

드라이플라워

나뭇잎 하나 둘
바람결에 구른다
아직 잊은 것은 아닌데
벌써 잊어서
낙엽 소리 무성해진 건 더욱 아닌데

봄이 오고
가을이 가고
한 묶음 울렁거림도 없이 떠나버린 사람아
겨울 깊숙이라도 늘상 바람은 불어
쌓인 눈발 위로
그대 발자국 찍고 가려나

한 다발 잊혀진 꽃
오후를 말리고 있다

바람이 시들고 있다

주상절리

사시사철 봄꽃들이 피어나고 있었어요
붉은 마그마로부터 흘러나온
입이 새파란 전설들이
하얀 이팝나무 숲속으로 걸어가고 있었어요

입술 선처럼 선명해지고 싶어서
오솔길보다 더 깊숙해지고 싶어서
찰삭찰삭 에메랄드빛 평원에 누워
하얀 노래를 부르고 있었어요

이천만 년을 쌓아올린 바람의 무늬
장작 덤불 사이로
명화 한 점이 걸어 나오고 있었어요
망초꽃들이 다시 입술을 내밀고 있었어요

당신이 늘 찾아 나섰던 신생의 꽃들이
나를 향해 흩날리고 있었어요
꽃무리를 이루다 흩어지는 바람

마음에 불고 있던 서풍 한 자락
살짝 걷히어가는 오후였어요

그런 여행길이라면

그런 여행길이라면 어떨런지요

까만 머리
갈색 머플러
겨울 추위보다 해맑은 젊은 영혼의 띠를 두르고
낙엽 구르는 소리
빗방울 떨어지는 소리

손가락 굵기만 한 희망의 싹들이
어린 산 제비꽃 사이로 쑥쑥 움터 오르는
오월의 중순쯤에

앞서거니 뒤서거니
그리하여 건너갈 수 있는 강
서로에게 깊숙한 강이 될 수 있다면
또한 어떨런지요

길을 만들어가는 사람들

아직도 웅크리고 선 사슴의 무리들
서로가 서로에게 위로의 긴 숲이 되어주는
그런 곳이라면

문학에 대하여

그건 시작이었어
'가지 않은 길'에 대한
마지막 탐색이었어

네잎클로버 잎들이
이슬 무더기에 함초롬히 젖고
맑은 햇살이 가을날처럼 바스락거리고

그건
또 하나의 무덤이었어
뒹굴다 사라져버린 달무리
까만 나무와 나무들이
껍질 하나씩을 벗고 있었어

흙 내음처럼
흙에 솟는 나팔꽃처럼
까마득히 피어나는 나

그건 엄밀히

나를 향해 피는

마지막 '존재'의 구슬이었어

당신에게는

밥 잘하는 여자
심부름 잘하는 여자
화 안 내는 여자
말귀가 밝은 여자

술 잘 빚는 여자
커피 잘 끓이는 여자
허구한 날 기도하는 여자
클레오파트라를 닮은 여자

세상의 높은 담장을
담쟁이처럼 잘도 기어오르는 여자
그리고 가끔은
술잔 속에서 헤죽거리는 여자
그리고 늘
가을꽃처럼 순한 여자

그리고 그런 여자들이

당신의 두 다리 사이로만
빼꼼히
하늘을 내다볼 수 있어야 합니다

저물지 않는 탑

하루도 쉴 새 없이
누군가를
무엇을

놓지 못해 바둥거렸던 시간들이
꽃으로 피어났다
넌지시 밀쳐두었던 수십, 수백
흑백 속의 시간들이
여기 다시
모였다

어땠었나요
당신이 타고 오르던 무지개
여린 빛깔들을 가득 채우고 완곡하게 산을 넘던
당신이 끌고 가던 손수레는
어땠었나요
하얀 면포 속에 속삭이듯 드리우던
당신의 다정한 그늘은

먼 바다와 함께 허물어져 간 기억들이
다시 돌아와 출렁이고 있습니다
그때 그 아름다웠던 시간들이
다시 모여 꿈틀거리고 있습니다

아– 이제는
새로운 산란을 꿈꾸는 시기
어디에도 아프지 말고
훨훨 나비처럼 날아
유마거사가 앉았던 돌탑
그 아름드리 빛 고운 마을에서
청청한 날들
맞으시길 비옵니다

바다 생각

어제는 바다 생각이 간절하여
바닷가에 갔습니다
백발노인이 찰삭찰삭
맨발로 파도를 가르며 과거 속으로 걷고 있었고
늦여름은 맑은 눈동자를 굴리며
깊어가는 저녁별, 북두칠성을 하염없이
바라보고 있었습니다
하루 이틀 떠밀려가던 내 생각의 더위마저
파도의 가시에 살짝
몸을 내밀고 말았습니다

불꽃놀이

바람이 분다
별들이 쏟아진다
환하게 일어서는 함성
거리마다 꽃들이 일제히 일어선다

하루를 축 없이 흔들리던 사람들
허공 위로 집을 짓던 어제와 오늘이
찰라 사이로 부서져 내리고 있다

허물어지고 나면 연이어 헤엄쳐오는
너울파도처럼
희망은 언제나 어둠의 저쪽으로부터
걸어오는가

붉은 태양이 떠오른다
오늘이 낙하하고 있다

이유

언제 그 사람과 친한 적 있었던가

언제 그 사람과 친하여
마음의 이랑에 꽃을 수북이 얹어본 적 있었던가

그래 그래
저 산모퉁이 돌아 나올 때마다
유난히 반짝거리던 거 있었지

나도 모르게
살며시 다가서 숨죽이던
노란 꽃봉오리 있었지

술 한 잔의 자유

붉게 타는 저녁이라면 좋으리
꽃게처럼 들썩이는 초여름 바닷가라면
더욱 좋으리

날마다 작은 강에다 나를 풀고
어미 연어를 꿈꾸었나
오랏줄보다 더 굵직한 오렌지빛,
젊은 햇살을 매달았나

인생이라는 작은 불씨를
파닥이다가 머뭇거리다가
흔적도 없이 사라지는 별
한시도 넘쳐흐르지 못한 우리들의 생애

자 술잔을 들어라
꾸다 만 꿈이라면 어떠리
먼 숲에서 들려오는 푸른 바람소리
못다 핀 나의 노스텔지어여!

달빛 향기

그땐 어딜 가도 든든한
배 하나 끌고 다녔지
어느 물길에 닿아도 소슬거리는 바람
작고 아련한 불빛
그건 참으로 아름다운 꽃잎이었어
봄의 부드러운 향기였다네

가끔씩 비가 내리고
밤하늘의 수많은 별들이 바람 위로 저무는 날은
잎새 사이로 피고 지던 여린 위무들
나는 노을처럼 물들었었네
길고 포근한 잠에서 온전히 깨어나기도 전에
벌써 가을의 노래
수평위에는 늘상 절친한 나의 파도들이
다녀가곤 했었지

해체되지 못하는 바람의 숲에서
홀로 비틀거리는 그대여

언젠가는 길이 풀리고 희미하게
다시 여무는 달
그건 꼭 봄날의 온기였었네
아무리 흔들어도 좌초되지 않는 달빛이었지

그 달빛 위에다 집을 짓고 살고 싶었네
날마다 줄을 긋고 가지를 엮으며
조금씩 통통해지는 나만의 집
달에다 집을 짓는 일은 참 편안하다고 생각했었지
달빛으로 집을 짓는 일은
참으로 행복하다고 생각했었네

간격

넓은 유채밭 속에
소녀들이 웃고 있다

화창한 봄 날씨를 따라
사십, 오십 줄을 막 넘긴 빛깔 고운 여인들이
자지러질 듯 웃어재끼고 있다

바람에 파들파들 흔들리다가
흔들리다가 흔들리다가
목이 쉰,
키 작은 여인들이
지금 들길에 쏟아지고 있다

길

길들이 걸어다니고 있어요
아래 위
휘어지고 구부러지고
어느 한곳 온전한 것이 없어요

아무리 좋다고 해도 좋지가 않아요
아무리 나쁘다고 해도 나쁘지가 않아요

길을 따라 꽃이 피어나고 있어요
전생을 걸어 다니던 길들이 다발다발 풀려나고 있어요
어느 한 가지 낯설은 것은 보이지 않아요
그 길은 예전에 걸었던 길이 아니라고
내 걸음걸이와 조금도 닮지 않았다고
아무리 고함치며
고치고 또 고쳐 봐도

길은 오직 한 길로 와서
한 길로 나아갈 뿐이에요

행복나무 아래에 서면

행복나무 아래에 서면
어디선가 날 부르는 소리
토닥토닥 길 건너오는 소리

하얗게 귀 기울이고 앉으면
발아래 돋는 민들레
나지막이 돌아오는 그대를 보네

행복나무 아래에 서면
어디서 날 부르는 소리
첨벙첨벙 물 건너오는 소리

깊숙이 두 손 마주하고 앉으면
길 따라 흘러간 할미꽃
빨간 앵두 빛들이 다시금 눈에 젖네
행복나무 아래에 서면

해설

순은의 세계를 지향하는 꿈과 모서리의 현실

이경호 문학평론가

이성의는 순은의 세계를 꿈꾸는 시인입니다. 깨끗하고 맑은 자연의 존재감을 간직한 순은의 세계를 시인은 다음과 같이 노래하고 있습니다.

그곳은 언제나
때 묻지 않은 꽃들이 핀다기에
그곳은 언제나
해맑고 빛이 고운 무지개가 뜬다기에
하현달 입술에 물고 종일토록
꽃구경하다 일어서는 바람
그 가늘디가는 달빛 사이로 나는 덩실덩실 춤을 추고

—「이미 돌아가고 있음을」 부분

"때 묻지 않은 꽃"과 "해맑고 빛이 고운 무지개"가 존재하는 그곳에 바로 순은의 속성이 도사리고 있습니다. 그런데 이승의 문명이 지배하는 현실에서 그런 속성을 온전히 누리기가 어렵다는 사실을 알기에 시의 화자는 "하현달 입술에 물고"라는 실마리를 찾아냅니다. '하현달'은 자라나는 달의 모습이 아니라 사라져가는 달의 모습입니다. 그렇다면 하현달의 그런 속성이 어떻게 순은의 세계를 누리는 방편이 되어줄 수 있을까요? 아시겠지만 달은 여성성을 대표하는 '원형'(Archetype)입니다. 그리고 여성성은 생성의 원리를 내포하고 있습니다. 따라서 하현달은 이지러지면서 소멸해가는 방향으로의 존재감만을 내색하지는 않습니다. 그것은 다시 초승달로 태어납니다. 동양의 순환적 세계관과 불교의 윤회사상을 대표적으로 표현한 만해의 유명한 시 구절인 "타고 남은 재가 다시 기름이 됩니다"처럼 하현달은 초승달로 거듭 태어납니다. 시의 화자가 "하현달 입술에 물고"도 "덩실덩실 춤을 추"는 까닭도 그렇게 새로 태어나는 순수한 세계에 대한 꿈을 간직하고 있기 때문입니다. 그런데 시인에게는 새로 태어나는 꿈보다 오히려 돌아가는 세계에 대한 꿈이 절실해 보입니다.

> 손끝에서 바람 냄새가 난다
> 토도독 두드리던 그녀의 가을 냄새가 아니다
> 어딘지 알 수 없는 뿌리

원점을 찾아 나섰던 것이다
모양도 냄새도,
산새도 날아가 버린 골짜기
적막이 나팔을 부는
어느 언덕 위의 소소한 하루였는지 모른다
여름 깊숙이 드나들던 샐비어,
샐비어의 뜨거운 눈빛이었는지도 모른다
한 번도 물러선 적이 없는 외로움이
긴 방울 소리 울리며 달려가던 곳

오늘은 이쪽
내일은 저쪽
물안개 속으로 걸어온 강이 하류로 흘러간다
원점, 흩어진 듯 다시 모여드는 원점이다

언제 너로 하여금 뒤돌아보게 할 수 있을까
고생대로부터 걸어 나온 길을 따라 다시 걷는다
비우고 또 비우며 덩그러니 솟는 저녁
아무도 모르는 정령들의 뒤척임 속에
세상이 눈부신 유희를 하고 있다

—「원형을 꿈꾸다」 전문

이 작품의 제목인 '원형을 꿈꾸다'가 여성성의 원형만을 내포하는 것은 아닙니다. 그것은 보편적인 삶의 근원인 "어딘지 알 수 없는 뿌리"에 대한 갈망을 내포하고 있습니다. 삶의 뿌리를 찾아가는 방법을 시의 화자는 "뒤돌아보"는 시선에서 찾아냅니다. 그 시선은 새로운 생성의 시간대인 새벽이나 아침을 기대하기보다 "비우고 또 비우며 덩그러니 솟는 저녁"을 응시하기에 분주합니다. 그 상상력은 새로운 생성의 이치를 터득하고 체현하기보다 소멸의 이치를 존재의 근본과 연계하는 작업에 몰두하고 있습니다.

존재의 근본을 탐구하는 시인의 상상력에서 주목할 몇 가지 요소가 발견되고 있습니다. 먼저 주목할 요소는 삶의 '모서리'에 대한 인식의 내용입니다.

길이 모서리에서 울고 있다
수많은 모서리를 지내왔지만 그땐
울지 않았다
시나브로 꽃들이 피어나고 있었고
아침에 일어나면
건강한 새들이 곧잘 굴러다녔다
시간이 하중을 더해 갈수록
더 단단해질 수도 있었건만
단단해진다는 건
한 번의 힘으로도 잘게 부서질 수 있다는 것
쉽게 멍이 들어 주저앉을 수도 있다는 것이다

어느 날은 호접몽을 꿈꾸다가
어느 날은 모서리에 서서 울고 있다

빈 가지 사이로 출렁이는 겨울
그 따뜻한 아랫목에서
생의 연서를 읽는다

—「연서」 전문

이 작품에 제시되어 있는 '모서리'란 현실에서 마주치는 가파른 상황을 뜻하고 있습니다. 가파른 상황을 마주칠 때마다 시의 화자는 "울지 않았다"고 고백하고 있습니다. 울지 않을 수 있었던 방법으로 그가 제시하는 것은 꽃의 아름다움이나 "아침에 일어나면/건강한 새들이 곧장 굴러다"니는 현상으로 묘사되고 있는 자연의 활력입니다. 자연의 아름다움과 활력은 시인이 추구하는 삶의 근원적 이치나 가치를 대표할 만한 것입니다. 자연의 아름다움과 활력에 기대면서 시의 화자는 현실에서 부딪치는 날카로운 모서리의 아픔을 잊을 수 있거나 외면할 수 있었던 것으로 보입니다. 그러니까 자연의 아름다움과 활력은 아픈 현실의 도피처가 되어준 것입니다.

이때 주목할 점은 시의 화자가 가파른 모서리의 상황과 연계된 요소로 '시간의 역할'을 개입시키고 있다는 점입니다. 그는 "시간이 하중을 더해갈수록/더 단단해질 수도 있었건만/단단해진다는 건/한 번의 힘으로도 잘게 부서질 수 있다는 것/쉽게 멍이 들어 주저앉을 수도 있다"고 규정하고 있습니다. 시간이 하중을 더해간다는 것은 별다른 대비책을 마련하지 못하고 어려운 상황을 견디어내는 자세를 가리키는 듯합니다. 그런 자세를 통해서 어려운 현실을 이겨내려는 의지는 더욱 단단해질 것입니다. 그런데 시의 화자는 그러한 단련의 과정을 거치면서 마련된 단단한 생의 의지를 그다지 신뢰하지 않고 있습니다. "단단해진다는 건/한 번의 힘으로도 잘게 부서질 수 있다는 것"이라는 성급한 원리를 내세우면서 "쉽게 멍이 들어 주저앉을 수도 있다"는 결론을 내리고 있기 때문입니다. 성급한 원리와 결론이 마련될 수밖에 없는 이유는 시의 화자가 이미 자연의 아름다움과 활력이라는 도피처를 마련해놓았기 때문입니다. 현실의 모서리를 대하는 시인의 기본적인 마음가짐은 다음의 시편에서 솔직하게 토로되고 있기도 합니다.

모나지도 않게
부족하지도 않게
언제나 집으로 돌아가는 사람들처럼
평온을 꿈꾸었다네

—「만선」 부분

"모나지도 않게" 살아가려는 마음은 "평온을 꿈"꾸는 삶의 자세에서 비롯되었습니다. 그것은 고통과 슬픔과 외로움을 회피하는 마음가짐입니다. 아니면 평온함을 해치지 않는 가운데에서 누릴 수 있는 정도의 슬픔과 외로움만 수용하는 자세일 수도 있습니다. 더구나 그는 "집으로 돌아가는 사람들처럼"이라고 묘사하고 있는데요. 이 묘사에서 나는 시인이 꿈꾸는 삶의 뿌리, 시인이 돌아가고 싶어 하는 삶의 원형을 찾아낼 수가 있습니다. 그것은 바로 "평온한 영혼의 집"일 것입니다. 시인이 자연의 아름다움과 활력에 기대어 마련하고 싶은 삶의 안식처입니다.

여기에서 존재의 근본을 탐구하는 시인의 상상력이 제시해 놓은 또 다른 요소들을 주목할 필요가 있습니다. 그것들은 바로 다음과 같이 '벽'과 '과녁'의 이미지들로 표현되고 있습니다.

> 오직 한쪽 벽만을 바라보다
> 또 다른 벽면이 있다는 사실을 깨닫기도 전에
> 세월은 희끗희끗 반백의 물감을 풀어내며
> 저녁노을을 짓고 있네
>
> ―「만선」 부분

> 가끔씩 내가 가야 하는 방향에
> 화살을 놓지 못하고
> 가야 하리라는 정반대의 길에다
> 시위를 당긴다
>
> ―「과녁」 부분

인용된 시행들의 공통점은 모두 작품의 첫 부분에 해당된다는 점입니다. 그리고 또한 모두 자신이 익숙하게 살아온 삶의 길에 대한 의혹을 토로하고 있다는 점에 있기도 합니다. 나로서는 시인이 꿈꾸는 삶의 근본이나 영혼의 집이 이런 의혹을 절실하게 끌어안는 자리에서 탐구되어야 한다고 생각합니다. 그러기 위해서 시인은 먼저 익숙하고 평온하게 기대고 싶은 자연의 아름다움이나 활력마저도 떨쳐내야만 할 것입니다. 어떠한 것이든 익숙함이나 평온함의 속성은 삶의 진실을 가리거나 제한하기 때문입니다. 삶의 진실을 가리거나 제한하면서 삶의 근본에 이를 수는 없는 법입니다. 시인 스스로도 그런 점을 자각하기에 이런 결단의 자세를 보여주기도 합니다.

그래도 숙연히
어딘가로 날아서 날아올라서
스스로 과녁을 향해 좇아가는 화살이 되어야 함을

아득하고도 수밀한 덤불 속
외로움의 줄기
어느 것 하나 손에 잡을 것 없이
홀로 깊어져 가야 하는 것을

—「과녁」 부분

첫 번째 결단은 "스스로 과녁을 향해 좇아가는" 자세로 표현되어 있습니다. 선불리 자연을 주관적인 도피처로 삼지 않고 "외로움의 줄기/어느 것 하나 손에 잡을 것 없이" 혼자만의 정직하고 치열한 마음가짐으로 삶의 현실로 나아가려는 자세입니다. 두 번째 결단은 다음과 같이 "파도 한 자락 출렁거려 보는 일"로 표현되어 있습니다.

> 또 다른 우주를 가슴에 품는다는 것은
> 심연 깊숙이 파도 한 자락 출렁거려 보는 일
> 그 파도에 패여 내가 사라진다 해도
> 비록 그것으로 인해 길을 잃어버린다 해도
>
> ―「만선」 부분

"파도 한 자락 출렁거려 보는 일"은 무엇보다도 위험을 각오하고 가파른 생의 바다에 뛰어들려는 모험심을 가리킵니다. 생의 근본을 거머잡는 일은 선사(禪師)들의 수행에서 '마군(魔軍)'과의 겨룸을 기꺼이 감내하려는 용맹정진의 수행정신과도 다르지 않습니다. 내가 살아가는 지금의 삶이 통째로 흔들리고 위태로운 지경을 감내하려는 용기를 필요로 하는 것입니다.

이런 두 가지 결단을 무의식으로 품어낸 시인의 상상력이 다음의 시편에 적실하게 표현되어 있습니다.

해 저물어 어둑어둑 밤이 내리면
흐물흐물 내 마음마저 빛을 덮는 밤이 오면
산허리 허리마다 쏟아지는
오렌지 같은 불빛들
저 많은 불빛들이 혼신을 다해 밤 안으로
스며들 때까지
우리는 두 눈을 감고
행복한 잠을 이루리라

이처럼 보이지 않는
우리의 삶 속에는
내가 전혀 알지 못한 채 건너가는
행복의 건널목들이
수없이 왔다가
수없이 밀려왔다가는 가고

―「동행」 전문

작품의 제목이 '동행'이듯이 밝음과 어둠이 공존하고 있습니다. 그런데 공존 자체가 중요한 것은 아닙니다. "혼신을 다해" 공존하고 있는 정황의 절실함이 중요합니다. 이 작품에서 시의 화자는 선불리 어느 편을 들고 있지 않습니다. 그는 평온하게 불빛에 기대지 못합니다. 불빛이 존재하는 공간이 허름한 산촌이나 달동네의 가파른 현실을 끌어안고 있기 때문입니다. 시의 화자는 불빛의 아름다움을 절실히 느끼고 있는데, 그때의 불빛이란 가파른 현실의 어둠과 맞물려 겨루며 어둠 속으로 "스며들" 운명을 간직한 불빛인 것입니다. 시의 화자가 안겨 "행복한 잠을 이"룰 만한 생의 근본은 이렇듯 서로 상반된 생의 진실과 정황이 맞물려서 치열하게 갈등하면서 빚어내는 정서와 맞닿아 있습니다. 대체로 생의 가파른 모서리에서 마주칠 수밖에 없을 삶과 자연의 절실한 정서를 표현하는 시편들이 더욱 풍요로워지기를 기대해봅니다.

이 도서의 국립중앙도서관 출판시도서목록(CIP)은 서지정보유통지원시스템 홈페이지(http://seoji.nl.go.kr)와 국가자료공동목록시스템(http://www.nl.go.kr/kolisnet)에서 이용하실 수 있습니다.(CIP제어번호: CIP2015031711)

문학의전당 시인선 219

저물지 않는 탑

초판 1쇄 인쇄 2015년 11월 23일
초판 1쇄 발행 2015년 11월 30일

지은이 이성의
펴낸이 고영
책임편집 이현호
디자인 헤이존
펴낸곳 문학의전당
출판등록 제311-2012-000043호
주소 서울시 은평구 연서로11길 7-5 401호
편집실 서울시 마포구 마포대로 127, 413호(공덕동, 풍림VIP빌딩)
전화 02-852-1977
팩스 02-852-1978
블로그 http://blog.naver.com/mhjd2003
전자우편 sbpoem@naver.com

ISBN 979-11-5896-014-8 03810

* 이 시집은 2015년 한국문화예술위원회, 부산광역시, 부산문화재단 지역문화예술특성화지원사업의 지원을 받아 제작되었습니다.

부산광역시 BUSAN METROPOLITAN CITY 부산문화재단 BUSAN CULTURAL FOUNDATION